JEAN BERTRAND

APERÇU GÉNÉRAL

DE SA VIE PUBLIQUE ET PRIVÉE

NÉCROLOGIE

PAR

ADOLPHE RITSCH

Avocat à la Cour Impériale de Nancy
Lauréat de la Faculté de Droit
Membre de Sociétés Savantes

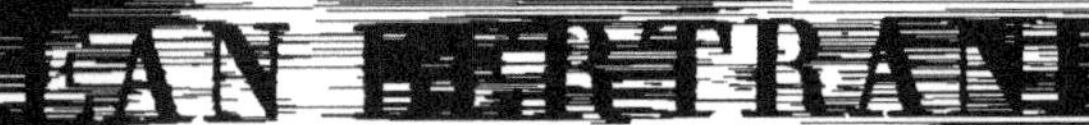

VITRY-LE-FRANÇOIS

Imprimerie de l'*Echo de la Marne*, grande rue de Vaux, 13

1809-1869

M. JEAN BERTRAND

APERÇU GÉNÉRAL

SUR SA VIE PUBLIQUE ET PRIVÉE

NÉCROLOGIE

PAR

ADOLPHE BITSCH

Avocat à la Cour Impériale de Nancy
Lauréat de la Faculté de Droit
Membre de Sociétés Savantes

VITRY-LE-FRANÇOIS

Imprimerie de l'*Echo de la Marne*, grande rue de Vaux, 23

AVANT-PROPOS

M. Jean Bertrand avait exprimé le désir qu'après sa mort on ne parlât pas de lui. Comme la modestie est l'apanage du talent et de la vertu, si la postérité devait tenir compte de vœux semblables, il arriverait que les hommes les meilleurs finiraient par être les moins connus. Nous croyons donc, en publiant cet opuscule, user d'un droit indépendant de la volonté du défunt ; notre but est de lui donner un dernier témoignage de respectueuse affection et d'accomplir un devoir à l'égard de l'opinion publique à laquelle appartient désormais toute entière la vie de notre concitoyen.

Nous n'avons pas la prétention de faire ici une biographie complète de M. Jean Bertrand, de le suivre pas à pas dans sa carrière, d'analyser toutes ses paroles et tous ses actes : ce serait peut-être une tâche au-dessus de nos forces ; nous laissons à de plus capables que nous l'honneur de l'entreprendre.

Nous nous contentons de résumer sa vie et d'en faire ressortir de notre mieux les faits principaux. Cela suffira, nous l'espérons, pour faire connaître le grand et noble caractère qu'a perdu récemment le département de la Marne.

L'homme se trahit d'ordinaire non-seulement dans ses actes, mais encore et surtout dans son langage. Aussi avons-nous tenu à reproduire, dans cette notice, l'expression même de la pensée de M. Jean Bertrand sur les questions les plus importantes de notre époque. Ses paroles, on le verra, n'ont pas besoin de commentaire. Nous les livrons avec toute leur force et leur riche simplicité à la conscience de ceux qui, nouveaux Diogènes, sont de nos jours à la recherche de citoyens éclairés, généreux et indépendants.

M. Jean Bertrand a été témoin des vicissitudes de la France, inquiète et troublée par deux révolutions successives. Par malheur, notre pays semble destiné à éprouver encore de ces bouleversements qui, depuis la grande crise de 89, mettent pour ainsi dire périodiquement en péril le trône et les institutions enfantées par un progrès civilisateur. Si jamais nous sommes appelés à revoir de ces mauvais jours, rappelons-nous l'exemple et les conseils de cet homme loyal, courageux ; et, au lieu de nous rallier à une démagogie turbulente et passionnée, recherchons toujours, comme il le faisait lui-même, l'ordre dans la liberté jointe au respect dû au pouvoir.

Ce sera, pour nous ses compatriotes, ses amis, la plus belle consécration de l'estime et de la confiance dont nous l'avons constamment entouré pendant sa vie.

Nancy, le 24 Juin 1869.

M. JEAN BERTRAND

APERÇU GÉNÉRAL

SUR SA VIE PUBLIQUE ET PRIVÉE

NÉCROLOGIE

Né, en 1809, à Vitry-le-François (Marne), d'un père honnête, laborieux, jouissant de l'estime générale, et d'une mère des plus intelligentes, d'une grande instruction et douée d'une fermeté peu commune, M. Jean Bertrand fit, avec succès, une partie de ses études au collége de sa ville natale; il alla les achever, à Paris, au collége Louis-le-Grand. Bachelier ès-lettres, avec dispense d'âge, à quinze ans, il fit son Droit et fut reçu Licencié, après trois années d'un travail assidu et persévérant : il ne le quittait que pour satisfaire son goût naissant pour les arts, les sciences et les lettres. Possédant tous les avantages que procurent, non-seulement une grande facilité naturelle, mais encore la fortune, et dont certains jeunes gens, livrés à eux-mêmes, font souvent un si triste emploi, il rechercha toujours, étant étudiant, les perfectionnements intellectuels qui se rencontrent si nombreux, à Paris, à côté même des occasions de désordre.

Revenu à Vitry, son séjour de prédilection, il s'était fait une vie modeste et retirée, partageant son temps entre l'étude, la peinture, l'archéologie, les sciences naturelles, la numismatique et la bibliographie, lorsque la confiance de ses concitoyens, témoins à son insu d'une existence si peu commune, lui fit quitter ses tableaux, ses médailles et ses livres pour lui ouvrir la carrière de la vie publique.

D'un accueil facile et rempli d'obligeance pour tous, il n'avait pas tardé à voir grossir autour de lui le nombre de ses amis, de ceux-là surtout qui avaient pressenti en lui un caractère loyal, un dévouement sincère, et qui savent, aujourd'hui, si leur attente a été trompée, si M. Jean Bertrand s'est un seul instant démenti.

Bien que très-jeune, il fut appelé à des fonctions soit judiciaires, soit administratives, toutes gratuites, où l'on put apprécier la maturité et la rectitude de son esprit ainsi que ses sentiments de bienveillante conciliation.

*
* *

Il prit une part active, dans le département de la Marne, à toutes les mesures qui eurent pour but le développement de l'instruction primaire et secondaire.

Indépendamment de son vif attachement à son pays natal, il portait un intérêt tout particulier à l'Institution qui, la première, l'avait initié aux beautés de l'antiquité grecque et romaine dont il faisait constamment ses délices.

En offrant, dans un âge plus avancé, à son premier collége, le tribut de sa sollicitude, de son intelligence et de ses avis, il donnait le plus grand témoignage d'une reconnaissance fort légitime, trop souvent oubliée chez beaucoup d'anciens élèves. Sa présence, jusqu'en 1852, au Bureau de cet établissement dont il voulut toujours tenir élevé le niveau des études et qui obtint, par là, une grande réputation à la Faculté de Paris, et sa participation assidue aux examens scolaires furent d'un secours inappréciable et d'un sérieux appui aux Principaux successifs du collége de Vitry, ainsi qu'un encouragement précieux pour les professeurs et les élèves qui reconnaissaient en lui un juge indulgent et juste, un cœur constamment rempli de délicatesse et de distinction.

*
* *

M. Jean Bertrand comprenait l'importance de la décentralisation de la presse. Il savait qu'un journal de province peut, comme ceux de la Capitale, avoir sa politique, ses partisans et, à un moment donné, éclairer, au besoin diriger l'opinion publique vers un but élevé et d'intérêt général. C'est pourquoi il voulut s'associer aux progrès de la presse départementale : après avoir salué avec joie la création d'un journal politique à Vitry, il se montra, jusqu'en 1848, un des collaborateurs les plus actifs de l'*Echo de la Marne*.

Il écrivait à ce propos, le 14 avril 1846, à M. F.-V. Bitsch, le fondateur de cette feuille, qui lui avait demandé son opinion sur l'opportunité de cette création et sur ses chances de succès :

« ...La presse, ce grand appui de nos libertés politiques, la presse est, malgré ses écarts, une trop excellente chose, et je lui veux trop de bien pour ne pas applaudir à l'extension que reçoit le journal de la localité, auquel vous donnez une âme quand il avait à peine un corps. Je ne vois d'ailleurs, dans ce nouveau titre de *journal politique*, rien qui puisse surprendre, car la transition a été suffisamment ménagée.

» En effet, si nous suivons les progrès de la presse à Vitry, nous trouvons, au début, les *Petites affiches*, chétives et timides feuilles, osant à peine recommander les maisons à vendre, encourager la recherche des bijoux perdus, ou bégayer quelques avis. Les *Petites affiches*, c'était l'enfance du journal à Vitry, la première période de son existence. Sa seconde période vient de s'écouler. Devenu l'*Echo de la Marne,* mais encore simple journal d'annonces, nous l'avons vu raconter les faits divers, reproduire des vers fraîchement éclos sur les bords de la Marne, aborder le feuilleton musical et littéraire, non sans couvrir de fleurs sa prudente critique, rappeler des souvenirs chers au pays, et même s'aventurer dans quelques questions de commerce, d'industrie, d'agriculture et d'économie plus ou moins politique, timides essais de son adolescence, signes précurseurs de sa jeunesse. Enfin, commence aujourd'hui pour lui une troisième période, la jeunesse. Revêtant la robe virile, prenant des allures plus fermes et plus libres, il entre enfin dans la vie : car la politique, c'est la vie du pays, c'est l'air que nous respirons ; et la presse, devenue un impérieux besoin, est pour nous le forum des anciens. Il faut reconnaître d'ailleurs que votre journal politique s'annonce modestement et sans fracas, faisant à peine une courte apparition par semaine, et laissant à l'âge mûr le soin de discerner s'il doit moins ménager sa personne. Quand il se présente avec tant de réserve, pourquoi la bienveillance publique ne l'accueillerait-elle pas avec faveur ?

» Maintenant vous me demandez s'il réussira. Il est plus difficile de vous répondre à ce sujet, tant le succès est précaire et incertain. Cependant on peut dire que les bonnes chances sont pour vous. Vous faites un appel à tout ce qui pense, vous ouvrez vos colonnes aux intentions loyales et à l'intelligence ; pourquoi donc ne réussiriez-vous pas ? Politique et littérature, sciences et arts, agriculture, industrie, commerce !... Le champ est beau et vaste. Pourquoi ne s'y donnerait-on pas rendez-vous, surtout quand vous manifestez l'intention de ne repousser que l'exagération, la personnalité blessante et les sentiments exclusifs.

» La presse, vous le comprenez, M. le Rédacteur, quand elle a la conscience de la haute mission qui lui est réservée dans la société moderne, la presse doit accueillir le bien, de quelque lieu qu'il vienne, être indulgente pour les faibles, mais rude et sévère pour les méchants.

» Un grand moraliste disait dans l'antiquité : Qu'y a-t-il de meilleur que la langue ? C'est le lien de la vie civile, la clef des sciences, l'organe de la vérité et de la raison ; par elle on bâtit les villes et on les police ; on instruit et on persuade ; par elle on s'acquitte du premier des devoirs, on loue les dieux.

» Mais aussi, la langue est ce qu'il y a de pire au monde. C'est la mère de tous les débats, la nourrice des procès, la source des divisions et des guerres. Elle est l'organe de l'erreur et de la calomnie. Par elle on détruit les villes et on persuade le mal ; par elle on blasphème contre les dieux.

» Ce que disait de la langue l'ingénieux fabuliste, on peut le dire de la presse, de ce formidable assemblage d'yeux, de bouches et d'oreilles. La presse est un levier d'une incroyable puissance. La presse libre échauffe les cœurs et éclaire les esprits. Par elle la vérité triomphe, l'erreur est dissipée et le crime flétri. Effroi des oppresseurs, espoir des opprimés, elle est la sauvegarde de nos libertés. Avec elle un peuple grandit et se fortifie ; voyez la France, l'Angleterre et les Etats-Unis. Quelle activité, quelle vie large et puissante ? Sans elle un peuple souffre et languit ; voyez la Russie et l'Autriche. Elle seule par sa vertu magique, comme l'a dit un illustre orateur, restituerait toutes les autres libertés, alors même qu'on les aurait enlevées les unes après les autres : et, si cette malheureuse nation qui se débat dans une héroïque et longue agonie, si la Pologne, par un bienfait du ciel, pouvait user d'une presse momentanément libre, bientôt peut-être nous n'aurions plus à gémir sur de cruelles infortunes, et nous verrions les tronçons épars de la grande famille slave se réunir en un redoutable faisceau.

» Mais si la presse est puissante pour le bien, elle est aussi, il faut le dire, bien puissante pour le mal.

Qu'elle se mette au service des plus mauvaises passions, ou qu'elle cède à de tristes entraînements, il arrive alors · qu'elle obscurcit les faits et les dénature, qu'elle répand de noires calomnies et provoque d'abominables actions. Instrument odieux et souillé de sang entre les mains d'Hébert et de Marat ! Merveilleux instrument entre les mains des Chateaubriand, des Thiers, des Guizot, des Carrel !

» C'est que la presse ne devrait jamais oublier que c'est à elle à guider les peuples dans les voies à peine ouvertes de la civilisation moderne, à elle aussi à relever le moral de l'homme, en maintenant sous ses yeux le but glorieux de nobles efforts.

» Mais si la presse a été quelquefois malfaisante, ce n'est pas dans le pays où paraît votre journal, M. le Rédacteur, que l'on peut redouter ses excès et ses erreurs, pays où le bon sens domine, pays dont la physionomie porte l'empreinte de cette modération qui s'allie si bien à l'indépendance. Pour lui la presse ne peut être que salutaire et bienfaisante : car, au moment où, grâce à elle, le travail intellectuel est si grand partout, un pays serait infailliblement frappé de stérilité, s'il était privé du puissant moyen d'exprimer ses pensées, de mettre au jour ses idées, d'apporter sa part à la masse commune.

» La presse n'a-t-elle pas d'ailleurs, en province, un caractère particulier d'utilité ? N'y vient-elle pas opposer un contre-poids aux effrayants effets de cette centralisation qui absorbe toutes les intelligences au profit de Paris, qui enlève impitoyablement l'esprit, le talent, le génie, aux pays qui les ont produits, qui amoindrit les membres pour grossir monstrueusement la tête. Si le cours rapide de ces envahissements est quelquefois ralenti, n'est-ce pas surtout à la presse qu'on le doit, à la presse provinciale qui vient élargir l'existence, en donnant aux idées l'occasion de naître et de se développer.

» ... Que Vitry ait donc aussi son journal, quelque modeste qu'il soit ; que ce riche et fertile arrondissement ne dédaigne pas l'influence de cet infatigable organe de l'opinion publique qu'on appelle la presse. Sans abandonner ses vieilles traditions de prudence et de modération, qu'il n'hésite pas à s'associer au mouvement général des esprits ; qu'il avance, lui aussi, dans la voie du progrès, en ne restant étranger à aucune des grandes questions sociales qu'on agite autour de lui. Vous lui apportez, M. le Rédacteur, un ressort d'une puissance réelle ; qu'il s'en serve sans trop le tendre, et bientôt il se sentira plus actif, plus vigoureux, plus fort au milieu des forts, et il prendra de plus en plus intérêt à la prospérité de votre journal qui, d'un accès facile pour tous, saura rester, comme je le désire et l'espère, impartial et indépendant.... »

Et lui-même le premier, ajoutant l'exemple au conseil, après avoir inscrit au frontispice de l'*Echo de la Marne* les mots de sage impartialité, de loyale indépendance, il vint y défendre — singulière coïncidence — la cause d'une nation opprimée, de cette malheureuse Pologne qui jetait, en 1846, sous les efforts de ses tyrans, le dernier cri d'une douleur injustement soufferte, pour mourir enfin dans le râle d'une vie noble, mais épuisée !

Les nations, ainsi que les hommes, ont leurs jours de gloire et leurs jours d'amertume. Une fois qu'elles ont

passé, on les oublie vite ; et si l'on s'en rappelle de temps
à autre, ce n'est que pour déplorer leur malheur, car
le malheur laisse plus de trace que la bonne fortune.

Aujourd'hui que la Pologne n'est plus et que la France
semble ignorer l'enthousiasme qui, à d'autres époques,
l'aurait fait voler au secours des faibles, il ne sera pas sans
utilité de reproduire la protestation d'un Français de ce
temps-là contre un crime de lèse-nationalité. Elle servira
de leçon aux cœurs dégénérés et d'encouragement à ceux
qui, en dépit des moqueries, se rattachent aux traditions
de leurs devanciers.

M. Jean Bertrand s'exprimait ainsi :

« La ruine de la nationalité polonaise est consommée.
D'un grand et puissant royaume, il ne restait plus qu'un
symbole, son antique capitale, à laquelle des traités solen-
nels avaient laissé une ombre d'indépendance. L'Autriche,
la Prusse et la Russie déclarent aujourd'hui que la République de Cracovie a cessé d'exister. Vainement sauvée
du naufrage de 1815, elle devient une province autri-
chienne, et les suppôts de M. de Metternich fouleront
désormais aux pieds la tombe de Jean Sobieski, de ce
héros qui accourait généreusement, il y a moins de deux
siècles, au secours de Vienne, détruisait sous ses murs
l'armée formidable des Turcs, et délivrait cette capitale,
abandonnée par son lâche souverain.

» Ainsi se termine, en 1846, comme il avait commencé,
par la ruse et la violence, ce long et triste drame dont
le premier acte porte la date de 1772, et les autres celles
de 1792, 1793 et 1815 !

» Pour nous, il y a, dans cette résolution des trois puis-

sances du Nord, autre chose que l'oppression du faible
et qu'une brutale spoliation ; nous y voyons une outra-
geante violation des traités, une injure faite à la France.
Les traités de 1815, qui déclaraient libre et indépendant
le territoire de Cracovie, ne portaient pas seulement la
signature de l'Autriche, de la Prusse et de la Russie, ils
portaient encore celle de la France, de l'Angleterre et de
l'Espagne. Les droits de la République étaient mis sous
la sauvegarde de tous les signataires, et il n'appartenait à
aucun d'eux de les supprimer sans l'assentiment commun.

» Quelle puissance d'ailleurs avait mérité plus d'égards
que la France ? Ces traités qui pesaient sur nous, que nous
subissions douloureusement, ne les avons-nous pas respectés ? Et cependant ils nous dépouillaient comme des
vaincus, ils brisaient nos frontières du Rhin et des Alpes,
ils nous arrachaient nos places de guerre au nord et à
l'est, ils stipulaient la démolition d'Huningue, de cette
forteresse dont les murailles démantelées accusent encore
sous nos yeux les malheurs du temps.

» Pouvions-nous donc jamais penser que nous aurions
un jour à invoquer ces funestes traités contre l'ambition
de ceux-là même à qui ils avaient attribué une si large
part, lorsqu'ils avaient donné à la Prusse la plus belle
moitié de la Saxe, le grand-duché de Varsovie à la Russie,
à l'Autriche une partie de l'Italie ? Après nous avoir fait
signer cette inégale répartition, il fallait au moins respecter ces trente années de résignation.

» Quelques journaux anglais, tout en s'élevant contre
l'acte d'iniquité qui s'accomplit, paraissent croire que
les trois puissances n'auraient pas osé prendre une sem-

blable résolution, si elles ne s'étaient assurées de l'assentiment, au moins secret, du gouvernement français. Nous devons repousser une semblable supposition, c'est déjà trop pour la France d'avoir assisté complaisamment au partage de 1772. Elle proteste assez hautement chaque année en faveur de la nationalité polonaise ; ses sympathies sont trop connues, trop sincères pour qu'on puisse la rendre complice des bourreaux de Gallicie. Un ministère qui serait coupable d'une si odieuse connivence, bientôt brisé par l'explosion du sentiment public, succomberait sous l'infamie.

» Mais, si nous ne pouvons croire que notre gouvernement soit complice de M. de Metternich, il faut reconnaître qu'il a été, comme le gouvernement de l'Angleterre, trompé par de fallacieuses manifestations.

» ... Que la France et l'Angleterre, frappées du même coup, oublient donc leurs différends récents et les puérils effets des susceptibilités diplomatiques. Qu'elles se réunissent enfin sérieusement pour repousser l'injure commune, pour répondre au défi qu'on leur jette. Leur honneur n'est-il pas engagé ? Chaque année elles répètent cette belle et consolante phrase : *La nationalité de la Pologne ne périra pas ;* supporteront-elles en silence ce démenti formel donné par l'Autriche, qui vient leur dire à la face du monde : *La nationalité de la Pologne a péri ?* »

Cet appel aux sentiments de généreuse compassion de la France et de l'Angleterre fut entendu... mais trop tard pour rendre à la Pologne sa vie et sa liberté. Ces deux grandes nations réclamèrent ; malheureusement, leurs protestations arrivèrent isolées, et, bientôt emportées par le vent, on put dire avec raison qu'elles n'avaient servi qu'à faire sourire ceux à qui elles étaient adressées et qu'il ne devait rester d'elles que le souvenir de leur impuissance.

« Un jour viendra, disait alors M. Jean Bertrand, jour de justice, où nous aurons raison de l'acte agressif et violent des puissances du Nord. Que l'Autriche, la Prusse et la Russie rompent, par un criminel abus de la force, le pacte de 1815, soit : nous n'avons pas tant à regretter ces traités de funeste mémoire qu'il nous a fallu subir. On nous rend notre liberté d'action en les déchirant, et le Rhin, aussi bien que la Vistule, en emporte les feuillets lacérés.

» Mais ces puissances s'abusent si elles estiment pour passagère et superficielle l'impression produite en Angleterre et surtout en France. Il existe chez nous un sentiment généreux qui nous porte vers ceux qui souffrent, qui nous fait attacher notre grandeur future au développement des libertés en Europe. Ce sentiment est grand et noble ; il est national.

» A côté de ce sentiment, n'y a-t-il pas d'ailleurs la raison froide et calme qui nous montre l'équilibre européen prêt à se rompre sous l'influence toujours croissante de la Russie ? Cette puissance, dont, il y a un siècle, on daignait à peine prononcer le nom, pèse aujourd'hui de tout son poids sur l'Allemagne : elle est devenue la tête de l'Europe absolutiste, et l'ennemie déclarée de l'Europe constitutionnelle. Où donc s'arrêtera le prodigieux développement de cet empire qui croît et s'élève aussi bien par la ruse que par la force. Napoléon disait d'Alexan-

dre : c'est un grec du Bas-Empire. On pourrait dire de
l'empereur Nicolas que c'est un grec du Bas-Empire enté
sur un Vandale : à l'extérieur, habile à dissimuler ses
desseins, patient et obstiné, l'œil fixé sur sa proie, écar-
tant lentement les obstacles, faisant partout sentir un
bras invisible, mais puissant ; à l'intérieur, inflexible
despote, inexorable maître, comprimant jusqu'aux consciences, étendant sur toutes les têtes un niveau glacial,
persécutant sans relâche et sans pitié protestants et ca-
tholiques, juifs et grecs, jusqu'à ce qu'il ait absorbé en
lui seul la puissance religieuse, comme la puissance
civile et politique.

» La Russie, avec de tels maîtres, doit souffrir et souf-
frira longtemps sous une abrutissante domination ; mais
en même temps, elle reste menaçante pour l'Europe. Si
l'Autriche et la Prusse ne le voient pas encore, ou n'osent
pas le voir, il ne peut en être de même pour la France
et l'Angleterre. Sentinelles vigilantes, c'est à elles qu'il
appartient de veiller au maintien d'un équilibre politique
sérieusement menacé, et d'opposer une digue aux flots
de la barbarie, pour prévenir leurs ravages. De leur union
sincère dépendent de bien grands intérêts, et, avant tout,
la paix du monde. »

Le lecteur sait aujourd'hui ce qu'il en est des traités
de 1815, de cet équilibre européen que la France abattue
avait accepté contre elle-même et qui cependant devait
la mettre en garde contre de puissantes rivalités voisines.
Une autre nation que la Russie nous menace ; et, si un
jour arrive où la Prusse, appelée désormais Allemagne,
se trouve aux prises avec notre pays et que celui-ci ait,

contre toute espérance, le malheur de succomber dans la lutte, il ne devra s'en prendre qu'à lui-même et regretter de n'avoir pas tout d'abord suivi la maxime *principiis obsta,* maxime aussi vraie en droit des gens qu'en médecine naturelle et morale.

*

On vient de voir comment M. Jean Bertrand, dans la question polonaise, savait mettre au service d'une grande cause une plume aussi forte qu'élégante. Il y avait là pour lui plus qu'une question d'honneur national, il y voyait surtout la cause de la justice et de l'humanité : la justice et l'humanité doivent lui être reconnaissantes de les avoir aussi bien défendues, en un temps surtout où la mollesse des convictions, à l'ordre du jour, n'était pas le moindre des défauts d'une société ébranlée jusque dans sa base par les Révolutions précédentes.

Mais il se réservait de traiter des matières d'une importance moins générale, d'un intérêt plus prochain pour son pays. C'est ainsi qu'il publia, en 1846, un mémoire intitulé : *De la Liberté industrielle et commerciale, en France.*

Il y avait alors une grande lutte engagée entre les partisans du système protecteur et les partisans du libre-échange. L'industrie française vivait à l'abri du premier, de ce régime dont nous devons l'établissement au plus grand génie administratif que nous ayions eu. Colbert, fils d'un marchand et devenu ministre de Louis XIV, préoccupé de l'avenir de nos manufactures, comprit que notre industrie naissante ne pouvait croître et se fortifier, si elle restait exposée au choc violent d'industries étrangères, déjà fortes et développées. Il voulut donc avant tout lui assurer un débouché, celui du marché intérieur qu'il défendit contre l'invasion des produits du dehors. Il créa ainsi le système protecteur qui, malgré les modifications de la loi du 16 juillet 1836, subsistait encore en 1846, et qui trouva, à ce moment, tant d'ennemis et, il faut l'ajouter, tant de chaleureux défenseurs.

M. Jean Bertrand n'était pas de ces derniers. Il avait applaudi, en principe, à la réforme commerciale introduite par Robert Peel en Angleterre, et qui venait de faire triompher, dans ce pays, la liberté de l'industrie. Il reconnaissait que, si le régime protecteur paraît favoriser l'industrie nationale et lui assurer des bénéfices considérables, il amène aussi des représailles de la part des autres nations, il nous fait payer cher les produits étrangers et même les nôtres, il pèse fortement sur tous les consommateurs et par conséquent sur le pays, il laisse subsister entre les différents peuples des barrières infranchissables et s'oppose ainsi au rayonnement des idées civilisatrices.

Mais, d'autre part, il ne croyait pas praticable en France, au moins immédiatement ni dans toute son étendue, l'exemple donné par l'Angleterre, parce que notre puissance productrice était bien moindre que la sienne et qu'elle ne pourrait triompher de la concurrence. « Nous verrions périr le travail national, disait-il, périr la marine qui ne se soutient qu'à l'aide des droits différentiels. La ruine inévitable de l'industrie métallurgique nous laisserait à la discrétion de nos voisins, de nos rivaux, à qui nous devrions désormais demander du fer et des armes, les instruments de la paix et de la guerre ! D'ailleurs, pour livrer notre industrie à elle-même, sommes-nous assurés de débouchés ? Si nous ouvrons à l'Angleterre notre marché intérieur, cette précieuse et principale ressource, que recevrons-nous d'elle en compensation ? Qu'aurons-nous à lui donner en échange de produits manufacturés dont elle nous inondera, des tissus de lin ou de coton, des fils, des machines et de tant d'autres objets qu'elle fabrique à meilleur marché que nous?... Si l'Angleterre cesse d'être prohibitioniste, c'est parce qu'elle sait bien qu'aucune industrie au monde ne peut lutter contre la sienne, et qu'elle voit pour elle, dans l'adoption du principe de la liberté des échanges, une ère nouvelle de grandeur et de prospérité. »

Aussi M. Jean Bertrand se ralliait-il à un système mixte, à ce libre-échange restreint, prudent, modéré, laissant arriver à l'industrie les matières premières, comme le fer, la houille, etc., améliorant la condition des classes ouvrières par l'abaissement des tarifs de douanes, réduisant pour l'agriculture l'impôt du sel, fortifiant en un mot l'industrie manufacturière et agricole, avant de les exposer aux épreuves dangereuses de la concurrence étrangère. Et voilà comment, sans partager les craintes exagérées des uns, sans se laisser séduire par les éblouissantes théories des autres, il examinait froidement la question et concluait à ce qu'un jour la prohibition disparût entièrement comme n'étant bonne qu'à soutenir les industries parasites, celles qui n'étaient pas nées viables et ne pouvaient être qu'une charge pour le pays ; mais il voulait en même temps que l'on continuât à entourer d'une protection modérée, équitablement répartie, les industries fondamentales, sauf à retirer cette protection au fur et à mesure qu'elles se fortifieraient, jusqu'au moment où leur croissance vigoureuse permettrait enfin de porter le dernier coup à ces barrières internationales dont le progrès de la civilisation réclamait l'entière destruction.

*
* *

· L'état financier de la France, à la veille des évènements de 48, le préoccupait vivement. Persuadé que la lumière aide le voyageur à continuer sa route dans un chemin sombre et difficile, il voulut éclairer, sur cette situation déplorable, sinon les gouvernants dont l'aveuglement s'accroît d'ordinaire en raison directe de leur faiblesse et de leurs fautes, du moins les gouvernés, d'un esprit plus docile et moins rassurés que les premiers sur de fausses apparences de bonheur et de succès.

La question des finances est encore aujourd'hui une question d'actualité ; il sera donc intéressant de lire ce qui suit, extrait d'une correspondance de M. Jean Bertrand :

« Celui qui n'a pas eu sous ses yeux la situation réelle de nos finances, doit naturellement la supposer bien belle et bien florissante. Comment, en effet, ne serait-il pas disposé à croire qu'une longue paix a dû combler le déficit, amortir ou diminuer la dette, fonder un budget prudemment balancé, et prémunir financièrement la France contre toutes les éventualités? Malheureusement la supposition est toute gratuite, et dès le premier examen, l'illusion se dissipe pour faire place à une réalité peu rassurante.

» ... Il est évident qu'aujourd'hui nos recettes ordinaires ne suffisent pas même à payer nos dépenses ordinaires, et qu'en réalité nos budgets sont loin d'être équilibrés, malgré les pompeuses promesses qui ne manquent pas d'accompagner leur présentation. A mesure que les recettes augmentent, les dépenses s'élèvent dans une plus grande et vraiment effrayante proportion, et chaque année le déficit se creuse un lit de plus en plus large et profond.

» Si nous passons du budget ordinaire au budget extraordinaire, nous trouvons la situation encore plus tendue.

» ... Il est vraiment affligeant pour quiconque pense à l'avenir et se rend compte de la position difficile où les évènements accomplis depuis cinquante ans ont placé la France en Europe, de voir, en temps de paix, notre position financière empirer quand elle devrait s'améliorer; quand, d'autre part, mettant mieux que nous les évènements à profit, l'Angleterre accumule ses ressources comme la fourmi de la fable, amortit sa dette pendant que nous grossissons la nôtre, et cependant réduit à 10 centimes le port des lettres, supprime entièrement l'impôt du sel et les droits de douanes sur les matières premières.

» La Restauration, qui avait trouvé dans les finances un arriéré de 734 millions, qui avait à supporter 2 milliards 416 millions de charges imposées par les étrangers, au moment où son crédit était si faible que les effets publics pouvaient à peine être négociés au prix de 56 p. 0/0 ; la Restauration, qui a fait les guerres d'Espagne et de Morée, est cependant arrivée à réduire d'un milliard 72 millions la dette fondée et la dette flottante, et avait réglé ses finances de manière à avoir un excédant de recettes annuel et régulier d'au moins 80 millions, sans accroissement d'impôt.

» Plus est grande notre admiration pour la Révolution de Juillet, plus est sincère et profond notre dévouement aux principes qu'elle a sanctionnés, plus doit être pénible pour nous l'obligation de reconnaître que le gouvernement de la Restauration a été bien supérieur en prudence et en habileté financières à celui qui lui a succédé par la volonté nationale.

» ... N'est-ce pas une triste situation financière que celle qui n'est bonne ni pour la paix ni pour la guerre ? Pour la paix !... puisque, si nous ne voulons pas augmenter notre dette, nous sommes condamnés à ne pas sortir pendant longtemps du budget ordinaire, à ne rien entreprendre de grand, à rester dans l'immobilité, dans la stérile contemplation de nous-mêmes. Pour la guerre !... puisque nous tendons en pleine paix tous les ressorts, nous épuisons toutes les ressources et nous nous exposons, si des circonstances impérieuses nous obligeaient à tirer l'épée, à une crise financière dont la France triompherait sans doute, à force de dévouement et de patriotisme, mais qui gênerait ses mouvements, l'inquièterait et la troublerait, au moment même où elle aurait le plus besoin de toutes ses facultés, où elle devrait avoir l'esprit libre, ainsi que le bras. »

.·.

Par tout ce qui précède, on doit reconnaître que M. Jean Bertrand se préoccupait du bonheur de la France ; il la voulait ferme au dedans, respectée au dehors. Aussi, quand il fut témoin des hésitations, des craintes, des faiblesses d'un gouvernement auquel il était cependant attaché de cœur, avec quelle tristesse il envisagea l'avenir. « Nous ne devons pas nous endormir dans une fausse sécurité, disait-il alors. Depuis trente ans, il est deux puissances en Europe qui ont prodigieusement grandi, la Russie et l'Angleterre, une puissance continentale et une puissance maritime. La première s'appuie sur un immense territoire, sur l'obéissance passive de ses innombrables soldats, et surtout sur le principe de l'absolutisme, qui fait marcher dans son orbite la Prusse et l'Autriche, qui les domine déjà, en attendant qu'elle les absorbe. La seconde s'empare des mers, et bientôt, grâce à d'habiles réformes commerciales, elle aura le monopole de tous les marchés du globe, et son pavillon restera sans rival. Pendant que ces deux puissances grandissent, s'étendent et se fortifient, que fait la France entre elles deux ? Grandit-elle, s'étend-elle, se fortifie-t-elle ? Si ses institutions se sont affermies en 1830, son influence politique a-t-elle beaucoup gagné au dehors ? Avons-nous fait de sérieux et constants efforts, de ces efforts qui réussissent, pour rattacher à notre cause, à la cause de la liberté, les peuples qui ne demandent qu'à se rallier à nous ? Avons-nous su nous ménager l'amitié si précieuse des Etats-Unis ? Au drapeau hardiment arboré de l'absolutisme avons-nous franchement opposé le drapeau constitutionnel ? Non, nous ne l'avons pas fait. La France a voulu être prudente, et elle a paru timide ; elle a voulu mériter la confiance de ses ennemis, et elle n'a réussi qu'à les rendre plus hardis contre elle, en décourageant ses propres amis. Elle s'est imposé de pénibles sacrifices pour rentrer dans le concert Européen, et elle reste dans l'isolement... »

En s'exprimant ainsi, non-seulement M. Jean Bertrand caractérisait la situation de la France, en 1846 et 1847, mais encore il prédisait l'avenir, cet avenir qui est notre présent. Nous laissons au lecteur le soin de comparer et de juger ; peut-être trouvera-t-il la description précédente un peu faible en couleur... Toujours est-il que c'est le privilége des penseurs d'être un jour prophètes. Les études sérieuses, celle de l'histoire surtout, donnent à l'esprit une telle maturité, une telle perspicacité, qu'il n'est pas impossible d'acquérir par elles comme un don de seconde vue qui permet d'entrevoir les destinées d'un peuple.

*
* *

Les extraits que nous avons tenu à honneur de reproduire suffiraient amplement pour donner une juste idée de l'esprit politique de notre compatriote. Mais, comme complément, nous ne pouvons résister au désir de rappeler ses paroles au sujet d'Elections communales. Elles sont de tous les temps et forment, pour ainsi dire, le catéchisme de l'Electeur : personne ne devrait les oublier.

« ... L'ignorance de nos droits, telle est l'une des principales causes qui nous font négliger nos devoirs : or, comment veut-on que le système représentatif, qui repose tout entier sur la participation du grand nombre à la direction des affaires publiques, comment veut-on que ce système fonctionne avec ensemble, avec régularité, quand le grand nombre oublie en même temps et ses devoirs et ses droits ?

» ... Quand la Chambre des Députés est dissoute, quand les élections générales se préparent, tout le monde apporte une certaine ardeur à la création d'une législature nouvelle. Pourquoi ? — C'est qu'ici les passions politiques sont en jeu ; c'est qu'au-dessus des grandes questions commerciales, industrielles, religieuses même ou nationales, dont les représentants du pays sont appelés à s'occuper, on voit un intérêt de parti. Eh bien ! il serait temps que cet intérêt disparût devant des considérations plus graves ; il serait temps que les élections municipales trop souvent viciées par l'introduction dans leur sein de l'élément politique, fussent, d'une part, dégagées de celui-ci, et que, d'un autre côté, elles reprissent, aux yeux des citoyens appelés à y concourir, toute l'importance qu'elles doivent avoir. Or, la réalisation de la première de ces deux conditions serait peut-être le meilleur acheminement vers la seconde : voici pourquoi.

» Il n'est pas douteux qu'une fois remises en posses-
sion de leur caractère véritable, de ce caractère *d'affaire
de famille* qu'elles n'auraient jamais dû perdre, les élections municipales se feraient en général amiablement,
sans tumulte, sans tripotages et sans intrigues, entre les
membres de cette grande famille qui, chez nous, s'appelle
la commune : elles se feraient avec le concours de tous,
le jour où il serait démontré qu'il y va de l'intérêt de tous,
et non, comme il arrive souvent aujourd'hui, de la vanité
d'un homme ou du succès d'un parti. Au lieu de s'en-
quérir des idées politiques d'un candidat, de le forcer à
s'expliquer sur des choses que peut-être il ne comprend
même pas, de le contraindre à professer, pour être élu,
telle ou telle opinion dont il se passerait fort bien, on se
bornerait partout à choisir, dans tous les camps, pour
gérer les intérêts communs, des citoyens à la fois probes,
capables, rompus à la pratique des affaires quotidiennes ;
et le gouvernement, comme les communes, ne tarderait
pas à se bien trouver de cette heureuse innovation.

» Mais il ne suffit pas de chasser la politique d'un terrain où, sauf des circonstances exceptionnelles, elle n'a
rien à voir, où elle s'est furtivement introduite ; il faut
encore, si l'on veut constituer sérieusement la commune
et lui donner une administration conforme aux besoins
comme aux vœux du grand nombre, il faut que chacun
sache, à l'occasion, payer de sa personne pour élire ou
pour être élu. Combien n'est-il pas, dans les campagnes
et dans les villes, de gens honnêtes qui, fatigués et dé-
goûtés des manœuvres basses ou déloyales dont ils sont
journellement témoins, se sont fait une sorte de loi de se

tenir désormais à l'écart, et qui, afin d'être tranquilles, ont adopté une fois pour toutes le système commode de l'abstention et du laisser-faire ? Les circonstances font aujourd'hui à tout homme de conscience et de cœur un devoir de sortir de cette égoïste quiétude, de revendiquer l'un après l'autre, quand on les lui conteste, tous ses droits constitutionnels, de les exercer tous, jusqu'au dernier, quand il les a.

» C'est précisément parce que l'intrigue et la corruption labourent profondément le sol de la France, que tous ceux qui détestent l'intrigue et ont la corruption en horreur doivent se jeter en travers du torrent, digue salutaire sans laquelle le flot bourbeux, qui chaque jour monte, menacerait de submerger bientôt la société toute entière. Nous savons que la tâche est lourde, que le labeur sera long ; nous savons que, pour l'entreprendre, il faut une certaine dose de courage ; qu'à la génération future, pas à l: nôtre, sera réservé le fruit de nos peines ; mais qu'importe ? Dans la grande famille humaine, tous les âges sont solidaires, et il faut planter, même avec la conviction qu'on le fait pour d'autres que pour soi.

» De quel droit d'ailleurs, une fois les élections passées en dehors de leur concours, ces citoyens qui se seront volontairement tenus à l'écart, réclameraient-ils ensuite contre la mauvaise administration de la commune ? De quel droit, n'ayant pas apporté la moindre pierre à la construction de l'édifice qu'ils étaient appelés à bâtir, feraient-ils, après coup, ressortir les défectuosités de celui-ci ? De quel droit se plaindraient-ils que leur influence soit nulle quand eux-mêmes l'auront annulée, et que leurs besoins soient méconnus quand eux-mêmes les auront trahis ?

» Aller aux élections communales, tel est donc le premier devoir des électeurs ; y aller avec une grande dégageance des idées qui, à la suite de plusieurs révolutions politiques, ont réellement vicié dans leur germe les opérations municipales, voilà leur second devoir. Pour les hommes consciencieux — et c'est à ceux-là que nous nous adressons — il en est un troisième : celui de ne se laisser partout guider que par l'amour du bien public. Devant cet intérêt suprême doivent disparaître toutes les considérations secondaires, considérations de camaraderie, considérations de famille, considérations même de services rendus. Combien d'électeurs honnêtes, honnêtes d'une sorte de délicatesse qu'ils poussent jusqu'au scrupule, donnent, en un jour d'élection, leur voix au candidat qu'ils ne considèrent pas comme le meilleur, mais la lui donnent en s'excusant sur ce qu'ils sont *ses obligés*, sur ce qu'il y aurait, de leur part, *ingratitude* à agir autrement ? Combien d'élections pitoyables n'ont pas été consommées par suite d'une telle faiblesse, honorable parfois dans son germe, mais basée sur de faux principes et toujours funeste dans ses résultats ? Certes nous apprécions, à leur juste valeur, les sentiments de parenté, d'amitié, de reconnaissance ; et ce n'est pas le moindre mal de notre époque d'avoir vu, grâce au développement des instincts mercantiles, ces sentiments bannis presque partout du cœur des populations. Mais à ceux qui les ont conservés vivaces, nous avons un conseil à donner : c'est de les restreindre dans leur sphère naturelle, dans la sphère où ils seront toujours respectables et respectés, et de ne point les transporter sur un terrain qui n'est pas fait pour eux. Quand l'urne du scrutin est ouverte, il faut savoir, quoi qu'il en coûte, oublier un instant parents et amis pour donner son suffrage *au plus digne.* »

Comment un homme habitué à de telles doctrines et conformant tous ses actes à la loyauté de tels principes aurait-il pu être oublié de ses concitoyens, quand il leur fallut se choisir un Représentant ? C'est l'honneur des habitants de la ville de Vitry de l'avoir apprécié et jugé digne de défendre leurs intérêts à la Chambre des Députés.

Mais, il n'aurait pas convenu au caractère indépendant de M. Jean Bertrand d'être considéré comme candidat d'une administration « dont les promesses et les faveurs, disait-il, ne sont le plus souvent, en matière d'élection, que des primes clandestinement offertes aux consciences chancelantes. » Il se porta candidat libéral, « n'ayant nul goût pour l'opposition systématique, conservateur sincère et dévoué des institutions et de la monarchie de Juillet, mais voyant au-dessus des hommes qui gouvernent, un grand pays qui veut être bien gouverné, et reconnaissant que quand ce pays s'appelle la France, il a le droit d'être exigeant. » Contrairement au vœu de son pays qui comptait peu dans la balance départementale, M. Jean Bertrand succomba aux élections de 1846, faute de quelques voix, sous les efforts du ministère.

Il n'y avait là, comme on va le voir, qu'un retardement à un triomphe ultérieur et complet. Il l'employa à étudier plus à fond les institutions et les besoins du pays. Celles-là périclitaient, ceux-ci s'accroissaient de jour en jour et devenaient de plus en plus impérieux. M. Jean Bertrand voyait le mal et aurait voulu apporter le remède. « L'état d'abaissement, d'affaiblissement du pouvoir, disait-il alors, énerve la moralité de la nation, enhardit les cupidités, décourage les hommes de cœur, sème partout l'indifférence, le mépris peut-être, et fournit aux passions hostiles un texte redoutable d'attaques et d'excitations coupables.

Malheureusement, la France devait, en dépit des meilleurs conseils, suivre ses destinées et voir encore une fois le sang de ses enfants effacer le passé et créer un nouvel avenir...

Quelque temps après la Révolution de Février, le 7 mars 1848, le Conseil municipal de Vitry ayant été dissous, M. Lécureux, Commissaire du Gouvernement pour le département de la Marne, désirait voir M. Jean Bertrand se mettre à la tête de l'administration de notre ville; il lui fit donc proposer les fonctions de Maire. « Je ne les accepterai, » dit-il, que quand j'y aurai été appelé par le vœu de » mes concitoyens. » C'était réclamer le suffrage universel, cette grande institution qui sait faire justice des exagérations des partis et dont il comprenait toute la portée et l'influence salutaire sur une nation aussi intelligente que la nôtre. Le suffrage universel, dont notre ville fut la première en France à faire l'application sollicitée depuis si longtemps, l'envoya au Conseil avec la presque unanimité des voix, et c'est ainsi que M. Jean Bertrand fut désigné pour remplir les fonctions de Maire de Vitry-le-François.

*
* *

Presque au même moment, les électeurs étaient appelés dans leurs comices à élire des Représentants à l'Assemblée nationale. Plus que jamais le pays voulait des hommes d'un caractère élevé, des hommes dévoués, désintéressés, d'une probité politique à l'épreuve, dont le passé garantit l'avenir. Il en existait encore ; l'esprit public était bon ; la vieille loyauté française n'était pas complètement anéantie ; on comprenait qu'il fallait décider du sort de la patrie : les électeurs se recueillirent et envoyèrent à l'Assemblée des hommes dignes de remplir un mandat qui ne devait pas, comme on le vit plus tard, être sans danger pour ceux qui l'avaient accepté.

M. Jean Bertrand désirait un gouvernement « marchant vers l'avenir, sans rétrograder vers le passé ; s'appuyant sur la famille et la propriété, sur le travail et l'ordre, sur le droit et sur la capacité ; écoutant non la passion qui divise et détruit, mais la raison qui fonde et affermit ; donnant une utile direction aux forces vives du pays ; promettant enfin d'être expansif et conciliateur. »

Dans une réunion générale de Délégués électoraux qui se tenait à Châlons-sur-Marne, et où tous les candidats à la députation devaient présenter et soutenir eux-mêmes en public leur candidature, quelqu'un interpellant notre concitoyen, lui demanda avec quelle partie de l'Assemblée il voterait, si la majorité jugeait nécessaire le rétablissement de la monarchie : « La France, répondit-il, » est en ce moment sous l'influence de deux génies, le » génie du mal et le génie du bien ; je voterai toujours » avec le génie du bien. » Ces paroles furent couvertes d'applaudissements, et le département de la Marne consacra cette profession de foi en lui donnant 77,207 suffrages qui lui ouvrirent les portes de l'Assemblée Constituante : c'était le plus grand hommage rendu à ses brillantes qualités, à ses aptitudes aussi variées que profondes.

*
* *

Avant de quitter Vitry, où l'attachaient les liens de la plus vive affection, pour remplir l'importante mission que son pays lui avait confiée, il voulut, une dernière fois, donner pour ainsi dire le mot d'ordre à ses compatriotes de la garde nationale et les encourager dans les sentiments du zèle et de la vigilance. « Travaillons tous ensemble, citoyens, à établir l'ordre dans la liberté sur des bases inébranlables. Que chacun apporte au nouveau gouvernement son contingent d'amour et de confiance. A chacun ses devoirs, à chacun son poste. Le corps municipal, vos magistrats s'appuient sur vous. Votre concours ne leur manquera pas, ils le savent. Entre eux et vous existe un lien puissant que rien ne peut rompre. — Dieu détournera de notre patrie ces terribles épreuves qui ébranlent les sociétés ; mais si la Providence nous en réservait de nouvelles, nous saurions les supporter sans crainte comme sans faiblesse, forts de notre union, forts contre le mal, forts pour le bien ! »

Faut-il dire combien, lors des cruels évènements de Juin, il fut heureux et fier de reconnaître et de signaler, parmi les défenseurs de l'ordre, au sein même de la capitale, des compatriotes et des amis, de braves enfants de la Marne, comme il le disait lui-même, accourus au premier signal, en rangs nombreux et serrés? Lui-même ne leur montra-t-il pas, en ces jours néfastes, l'exemple du courage et du sang-froid, en parcourant notamment les quartiers de Paris occupés par les insurgés, aux risques de se voir insulté et frappé sous ses insignes de Représentant ?

« Il savait, nous disait un de ses amis, conserver sa sérénité habituelle au milieu de nous tous, si inquiets et si troublés par l'énigme de l'avenir. » Sa demeure de la rue Mont-Thabor devint le centre de réunions où l'on voyait affluer et étinceler avec abondance le bon sens, l'esprit, le sel gaulois, la verve champenoise. Un tableau, un objet d'art quelconque rencontré chez un marchand d'antiquités, un livre rare découvert sur les quais, dans une échoppe de bouquiniste, ou signalé par quelque ami bibliophile et dont aussitôt il enrichissait sa précieuse bibliothèque, faisaient diversion à son rude labeur législatif et l'attachaient, peu à peu et quoi qu'il en dit, à un séjour plein de joies, même en ces temps troublés, pour une nature comme la sienne.

C'est de cette époque que datent, pour M. Jean Bertrand, ses relations intimes avec M. Léon Faucher, comme lui Représentant du département de la Marne. Lorsque celui-ci, devenu Ministre de l'intérieur, félicitant son ami des services qu'il rendait aux Commissions de l'Assemblée, lui offrit la croix de la Légion d'honneur : « Pas encore, » répondit-il ; je suis trop jeune et n'ai pas assez servi » mon pays ! »

*
* *

Dans l'accomplissement de son premier mandat il s'était fait remarquer par son caractère indépendant et loyal, repoussant le joug des coteries, toujours amoureux d'une liberté fondée, non sur des illusions et des utopies, mais sur la base réelle et solide des intérêts généraux du pays.

Aussi, quand arrivèrent des temps moins difficiles ; quand, à l'Assemblée Constituante dut succéder, en 1849, l'Assemblée Législative, les électeurs de la Marne n'hésitèrent pas un seul instant à lui confier de nouveau leurs intérêts.

On lui demandait alors s'il enverrait une circulaire électorale ; voici sa réponse :

« Vous me demandez si je n'adresserai pas aux Electeurs une sorte d'exposition de mes principes. Dans quel but le ferais-je ? Que dire de moi à mes concitoyens qu'ils ne sachent déjà ? A quoi bon les paroles, quand les actes parlent? Une année s'est écoulée depuis le jour où ils m'ont confié un honorable et périlleux mandat. Ils m'avaient accepté comme un homme d'ordre. Ils ont pu voir par une longue série de votes si je leur ai fait défaut. Dès le 4 mai, j'avais mesuré dans toute sa profondeur l'immense péril qui menaçait la société, lorsque le désordre régnait encore en maître. Dès ce jour ma résolution était prise de n'admettre aucune transaction avec l'esprit d'anarchie. Je faisais partie de cette minorité de 112 voix qui protestait contre le maintien d'un pouvoir faible et équivoque. L'affreuse bataille de Juin nous donnait raison en brisant la commission exécutive.

» Les gouvernements sortis des journées de Juin et de l'élection du 10 Décembre, ont trouvé en moi un appui d'autant plus ferme qu'il était indépendant et désintéressé. Raffermir l'autorité ébranlée, tel était le plus pressant besoin. Nous ne sommes pas dans un temps où il soit bon de se montrer trop exigeant envers le pouvoir. Il y a du patriotisme à lui tenir compte des immenses difficultés qu'il rencontre, et à lui savoir gré des services qu'il peut rendre. C'est un triste et dangereux plaisir que celui de relever ses fautes, au risque d'entraver sa marche, et de donner le champ libre au jeu des ambitions qui s'agitent autour de lui.

» J'ai voté la Constitution de la République. C'est une œuvre humaine, c'est dire qu'elle est perfectible. En attendant qu'elle ait subi l'épreuve du temps, nous lui devons respect et soumission. C'est un vaste terrain sur lequel tous les hommes qui veulent utilement servir leur pays peuvent s'unir en se donnant la main.

» L'ordre matériel est rétabli : la mission de l'Assemblée Constituante touche à son terme. A l'Assemblée Législative est réservée celle de rétablir l'ordre moral et la paix dans les esprits, de chercher l'application des principes sur lesquels se fondent la grandeur et la prospérité d'un pays. Aurais-je besoin de dire quelle place j'y occuperais ?

» Mes amis et mes adversaires politiques savent, à Paris, si j'ai jamais hésité devant l'émeute, les clameurs et les menaces des partis. Mes concitoyens de la Marne ne peuvent non plus l'ignorer. Que leur apprendrais-je donc en ajoutant une nouvelle circulaire à celles qui leur viennent de tous les points de l'horizon ?

» Fort de ma conscience, j'attends leur jugement avec une respectueuse confiance. S'ils pensent que j'ai fait mon devoir, et s'ils sont disposés à m'honorer d'un nouveau mandat, je mets à leur disposition ce que j'ai pu acquérir d'expérience des hommes et des choses, pendant une longue année de crises et d'émotions politiques. Ils trouveront en moi persévérance et dévouement. »

On ne trouve pas ici ces promesses fabuleuses, ces phrases gigantesques à l'aide desquelles tant de candidats espèrent magnétiser l'esprit positif des électeurs de la campagne. Au contraire, M. Jean Bertrand évite la périphrase, il dit avec précision ses actes passés ; il indique avec netteté sa conduite pour l'avenir. La lettre précédente peut servir d'enseignement politique aux rêveries des hommes qui espèrent escamoter une royauté quelconque dans un nouveau bouleversement.

Au sein de l'Assemblée Législative, où M. Jean Bertrand était arrivé le premier des huit députés élus dans le département de la Marne, sur vingt-trois candidats, la pensée unique qui l'anima constamment fut, ainsi qu'il le disait lui-même, « de sauver le pays de l'anarchie ; de lui rendre cette foi en lui-même qui devait être sa force et son salut ; de lui montrer dans leur hideuse nudité les abominables doctrines qui tendaient à étouffer la civilisation sous le matérialisme ; de sauver la liberté des excès de la licence ; de rendre le pouvoir respectable et de le faire respecter ; d'effacer enfin la trace de ces dissentiments d'un autre âge qui n'auraient plus été que de dangereuses erreurs, s'ils avaient dû se prolonger. »

*
* *

Tel était l'homme politique dont le Coup d'Etat ne devait plus faire qu'un simple citoyen ! Par sa religion au serment qu'il avait prêté et dont seuls, d'après lui, ses compatriotes avaient le droit de le relever, il se crut moralement obligé de rentrer dans la vie privée ; il n'eut dès lors qu'un seul désir, une seule ambition, consacrer ses jours à sa famille, à ses amis, aux arts et aux lettres.

D'un goût exquis, d'un jugement très-sûr, il s'occupa de compléter ses magnifiques collections de livres, tableaux et médailles, de tout ce qu'il pouvait trouver de plus curieux et de plus rare en France et à l'étranger, en sorte qu'il arriva bientôt à faire de son cabinet une des plus riches bibliothèques et de sa maison un des plus jolis musées qu'un amateur puisse posséder.

* *

C'est en vain que, depuis, des sollicitations venues de haut lui demandèrent souvent à prêter son concours à l'administration des choses publiques : M. Jean Bertrand resta sourd à des vœux qui, pour lui, étaient inconciliables avec la sainteté de son serment.

En 1864, un grand nombre d'amis l'ayant engagé à se présenter à la Députation, en remplacement de M. Haudos, décédé, il le fit avec un certain regret : mais poussé par le sentiment du devoir : « Je n'aurais pas songé, » disait-il, à sortir de ma chère retraite, si je n'avais dû » à mon pays de répondre à l'appel d'un grand nom- » bre de mes concitoyens. »

L'imposante minorité qu'il obtint en cette circonstance prouva qu'il y avait encore, dans la première circonscription de la Marne, des hommes qui n'avaient pas oublié comment il avait su remplir le mandat dont ils l'avaient chargé en 1848 et 1849, des hommes reconnaissants et fiers de marcher sous un drapeau où lui-même avait inscrit les mots d'*Honneur* et de *Liberté* !

A partir de ce moment, sur des instances pressantes et excité par son affection pour son pays natal, il accepta quelques fonctions qui lui permettaient d'être encore utile, sinon à toute une région, du moins aux habitants d'un arrondissement qui l'avait toujours entouré de considération. C'est ainsi qu'il fut membre du Conseil municipal, Président du Comice agricole, Président de la Société des Sciences et Arts, Président du Bureau d'assistance judiciaire, etc.

*
* *

L'assistance judiciaire est une institution philanthropique, organisée en France par la loi du 22 janvier 1851, qui a pour but de permettre aux indigents d'ester en justice, sans aucun frais pour eux, et qui rend ainsi absolu et général le principe que *tous les citoyens sont égaux devant la loi.* Mais comme en pareille matière les abus sont à craindre, comme il y a souvent à juger des questions de la plus grande délicatesse et à faire des enquêtes aussi minutieuses que prudentes, la loi appelle à composer le Bureau des hommes recommandables par leur expérience et leur équité. M. Jean Bertrand était de ceux-là ; il apporta dans ces humbles fonctions un soin aussi grand, une attention aussi scrupuleuse que s'il se fût agi d'une charge publique importante.

*
* *

Ce fut après la mort du docteur Chevillon que M. Jean Bertrand fut appelé à la Présidence du Comice de l'arrondissement, le 3 juin 1865.

Il s'était souvent occupé non-seulement de questions industrielles et commerciales, mais encore de nos intérêts agricoles. En 1846, il faisait paraître un mémoire sur l'*utilité du sel en agriculture,* dans lequel il montrait que le sel pouvait augmenter les moyens de fertilisation du sol et entrer dans l'alimentation des bestiaux, et il concluait à une réduction sur le prix de ce minéral si utile d'ailleurs à l'homme. C'est pourquoi il fut un des pre-

miers à applaudir à l'ordonnance du 26 février 1846,
réduisant le droit sur les sels et permettant ainsi aux agriculteurs de suivre plus facilement la théorie qu'il pro-
fessait.

En 1847, des économistes distingués ayant mis sous
les yeux de l'Académie des sciences un pain formé de
parties à peu près égales de farine de blé et de bettera-
ves râpées, et dont le goût était fort agréable, M. Jean
Bertrand s'empara de ce fait pour faire lui-même l'expérience et essayer de propager ce nouvel aliment. « En
ajoutant la betterave à la préparation du pain, disait-il,
une partie de betterave pour deux parties de farine, on
augmenterait le volume de ce dernier, on pourrait sub-
venir au déficit momentané d'une récolte et éviter à la
classe pauvre les sacrifices qu'elle s'impose pour obtenir la
quantité de pain qui entre dans son régime alimentaire. »

*
* *

Il favorisa l'établissement des associations agricoles et
se montra constamment l'ami des hommes de la campagne, de ces cultivateurs si forts et si utiles qui tiennent,
il faut bien le dire, entre leurs mains, la vie et la prospérité
d'une nation. Aussi, quelle peine fut la sienne quand il vit
se développer cet enivrement qui, depuis quelque temps,
dirige le laboureur à la ville et lui fait quitter ses champs,
ses travaux paisibles pour les agitations passionnées et
infructueuses de nos grandes cités. Il prévoyait et déplo-
rait le dépeuplement actuel des communes rurales, quand
il écrivait, en 1846 :

« L'agriculture, notre principale richesse, mise en
» présence de l'industrie manufacturière, active et pro-
» tégée, se trouvera bientôt, si on n'y prend garde, dans
» une condition réelle d'infériorité ! »

M. Jean Bertrand était, comme on le voit, bien digne
de présider le comice agricole de son arrondissement :
les agriculteurs étaient sûrs de trouver près de lui aide
et conseil, car mieux que personne il comprenait les difficultés, les déceptions, l'abandon qu'ils rencontrent chaque jour dans leur carrière. Il les encourageait et savait,
à l'occasion, les défendre contre d'injustes attaques.

« On reproche souvent à l'agriculture, disait-il à une
fête du Comice, de ne pas aller assez vite, de tenir encore aux routines, de manquer d'initiative et de har-
diesse ; mais ceux qui la réprimandent ainsi parlent
souvent fort à leur aise, et ressemblent à ces gens qui,
tranquillement assis sur le rivage, gourmandent le pilote
naviguant avec une prudente lenteur au milieu des
écueils. Ils ne tiennent pas compte des difficultés que
l'agriculture doit surmonter, de la faiblesse des capitaux
dont elle dispose, de l'incertitude de ses rentrées, de la
nécessité pour elle d'être circonspecte. Il ne faut pas d'ailleurs confondre le mouvement avec le progrès : ce ne
serait pas une agitation nerveuse et stérile qui conduirait
le cultivateur au but qu'il doit se proposer et lui ferait
obtenir de grands résultats avec de petits moyens, et de
forts revenus avec une faible dépense. Il ne s'agit pas
pour lui de courir les aventures, mais de marcher d'un
pas ferme et en ménageant ses forces, sur une voie
toujours ouverte, mais souvent difficile et périlleuse.

» Pour ma part, je ne doute pas que l'agriculture, dans notre pays, ne s'élève à la hauteur de sa grande et belle mission : quand je compare le présent avec le passé, et que je compte les progrès accomplis depuis ma jeunesse, je n'ai pas d'inquiétude sur son avenir. »

Mais ce qu'il recommandait le plus aux laboureurs, c'était l'association, « l'un des plus puissants éléments de l'industrie en général. L'agriculture ne paraît pas encore avoir compris toute son importance. On ne pourrait sans doute introduire l'association d'une manière générale dans la culture, où souvent il n'y a lieu qu'à l'application des efforts individuels et isolés ; mais il est bien des circonstances où elle ne pourrait que produire de grands effets. Ainsi, on parle sans cesse de l'emploi des machines, de ces admirables instruments qui diminuent les frais, économisent les bras et le temps, et sont appelés à rendre tant de services ; mais ces instruments sont souvent d'un prix trop élevé pour être à la portée du grand nombre. L'association ferait rapidement disparaître cet obstacle à leur introduction, et je crois très-praticables l'achat en commun et l'usage alternatif de ces puissants instruments.

Appliquée aux irrigations, que de prodiges l'association n'accomplirait-elle pas? L'entente entre les propriétaires, l'organisation de sociétés libres et de syndicats, l'exécution de quelques travaux d'ensemble, permettraient d'obtenir de grands résultats avec une dépense relativement faible et facile à supporter pour chacun des intéressés.

... L'esprit d'association a pris depuis un demi-siècle

un grand développement dans les pays qui sont à la tête de la civilisation : il s'est étendu aux entreprises industrielles et commerciales ; il a multiplié ces sociétés savantes où l'étude des sciences et des arts trouve un asile. Que cet esprit d'association qui féconde tant de choses, qui produit tant de merveilles anime enfin l'agriculture et pénètre au sein de nos campagnes ! »

La Société des Sciences et Arts de Vitry créée, en 1864, sous le patronage d'un administrateur intelligent, compta M. Jean Bertrand au nombre de ses membres fondateurs, et lui dut de précieuses communications, entr'autres : un compte-rendu d'expériences faites sur l'*Althœa rosea* comme plante textile ; une note sur des monnaies romaines trouvées à Marolles, près Vitry-le-François, et sur des médailles recueillies dans une voie romaine de Bar-le-Duc à Reims ; un mémoire très-intéressant sur le Meix-tiercelin et son Eglise ; une notice sur les pierres sigillaires dont les oculistes romains se servaient, en guise de sceaux, pour estampiller leurs collyres ; enfin un rapport sur des fouilles exécutées à Heiltz-l'Evêque qui découvrirent une sépulture par incinération, des traces d'une habitation gallo-romaine et des débris d'un château de la Renaissance.

Comme on le voit, tout en dirigeant les opérations

d'une maison de banque fort importante dont il avait hérité de son père, M. Jean Bertrand trouvait encore le temps de goûter les nobles jouissances des esprits élevés. Malheureusement, se déclarèrent bientôt les symptômes d'une maladie lente et cruelle aux soins de laquelle sa compagne chérie consacra ses veilles et toute l'énergie de son dévouement.

Il mourut à Vitry-le-François, le 31 mai 1869, dans un âge où l'on pouvait espérer le voir longtemps encore poursuivre une carrière toute remplie de science et de vertus.

Sa vie avait été celle d'un philosophe, d'un sage ; sa mort fut celle d'un chrétien, acceptant avec bonheur les secours de la religion, conservant jusqu'au dernier instant toute sa connaissance et cherchant tout le premier à consoler sa famille en pleurs... « Nous nous retrouverons là-haut ! » tel fut son dernier mot d'adieu et d'espérance à sa tendre et courageuse épouse.

*
* *

L'*Echo de la Marne* annonçait ainsi ce triste évènement :

« Notre ami, l'homme du devoir, de la fidélité, l'homme indulgent et généreux, le savant modeste, M. Jean Bertrand, est mort ce matin à six heures. Son enterrement aura lieu après-demain mercredi, à 10 heures et demie.

C'est la tristesse dans le cœur, la main toute tremblante que nous écrivons ces quelques mots pour annoncer la douloureuse nouvelle qui va répandre dans le pays une impression bien pénible.

Mais c'est avec l'espérance de la foi qu'à travers les pleurs notre âme contemple la fin si chrétienne et si douce de cet homme souverainement honorable, qui a conservé jusqu'aux derniers instants la sagesse des principes, la noblesse des sentiments, la force de caractère et le calme de la raison dont sa vie entière a été incessamment marquée et que nous avons pu admirer par les liens d'une amitié intime que la mort vient de rompre, pour la terre, après une durée de plus de 25 ans ! F.-V. BITSCH. »

*
* *

Ses obsèques eurent lieu le 2 juin, sans apparât officiel, sans luxe de commande. Il avait témoigné à son gendre, M. Marcel Périn, la veille de sa mort, le désir que son convoi funèbre fût des plus simples et sans faste.

Et cependant jamais on ne vit un enterrement plus grandiose que celui de cet homme modeste ! jamais ne se manifesta avec plus d'éclat la douleur d'une ville, d'un pays tout entier ! Nous ne croyons rien exagérer en disant que toutes les communes de l'arrondissement, toutes les villes du département, toutes les familles de Vitry, riches et pauvres, avaient tenu à honneur de s'y faire représenter et d'apporter ainsi au défunt leur dernier témoignage d'estime et de regrets.

Les coins du poêle étaient portés par MM. Cosquin, Maire de Vitry ; Flye-Sainte-Marie, Membre du Bureau d'Assistance judiciaire ; Vast-Viet, Vice-Président du Comice agricole de l'arrondissement ; le docteur Valentin, Vice-Président de la Société des Sciences et Arts de Vitry.

Au milieu de l'affluence extraordinaire des personnes assistant aux obsèques de M. Jean Bertrand on remarquait MM. Goerg, député au Corps législatif ; de Saint Genis, président honoraire ; de Perceval, président du tribunal ; Ponsard, président du Comice central ; le Dr Nidard, président du Comice de Sainte-Ménehould ; Garinet, délégué de la Société d'Agriculture, Sciences et Arts de Châlons-sur-Marne, et la plupart des notabilités de la ville et de l'arrondissement. Le Conseil municipal, le Comice agricole et la Société des Sciences et Arts de Vitry étaient représentés par la presque totalité de leurs membres. La commune de Loisy, où M. Jean Bertrand possédait un important domaine, avait aussi envoyé une nombreuse députation.

Au cimetière, après les derniers chants de l'Eglise, M. Goerg prit la parole et, devant une foule désolée, adressa d'une voix émue au défunt les adieux les plus touchants. Puis MM. Vast-Viet, le Dr Valentin et M. A. Barbat de Bignicourt vinrent successivement se faire les interprètes de l'immense douleur causée au pays par la mort de M. Jean Bertrand.

. . . .

Et désormais, si quelque cœur reconnaissant vient à franchir le seuil du lieu où sont enfouies sous quelques poignées de terre les gloires humaines ; s'il cherche, entre mille tombes, la tombe de ce grand citoyen, pour lui donner une larme, un souvenir, il la reconnaîtra aux bouquets toujours frais, toujours fleuris, qu'une compagne chérie, que des enfants, que des amis y apportent chaque jour !

APPENDICE

Discours prononcés sur la tombe de M. Jean Bertrand

Discours de M. Goerg, député de la Marne au Corps législatif.

Messieurs,

Si je n'habite pas la ville de Vitry, j'y ai conquis au moins mon droit de cité par la confiance dont elle m'a honoré ; je lui appartiens d'ailleurs par le dévouement que je lui dois, par les bonnes affections que j'ai le bonheur d'y posséder !

Parmi ces affections, Messieurs, j'étais heureux et fier de compter celle de l'homme si regrettable auquel nous rendons en ce moment les derniers devoirs... C'est à ce titre que je viens m'associer au deuil public que sa mort prématurée a jeté sur vous tous.

D'autres vous diront tous les services rendus par M. Jean Bertrand à sa ville natale, à l'arrondissement, au département, dans les situations diverses qu'il a su occuper avec autant de zèle que de distinction.

Quant à moi, chez qui l'homme politique et l'ami se confondent aujourd'hui dans une seule et même douleur, laissez-moi vous dire cependant que c'est avant tout et tout d'abord comme député de votre circonscription, que je veux, sur cette tombe encore ouverte, adresser mon suprême adieu à celui qui fut un de mes honorables devanciers dans la Représentation législative de votre arrondissement.

Rappelez-vous, Messieurs, qu'en 1848 plus de 77,000 suffrages acclamaient M. Jean Bertrand comme Représentant du Peuple à la Constituante et que plus tard, à l'élection de la Législative, la reconnaissance publique consacrait de la manière la plus solennelle tout le mérite, tout le dévouement de M. Jean Bertrand en le plaçant à la tête de la Députation de la Marne.

Ces témoignages d'estime, si hautement affirmés, c'est M. Jean Bertrand qui l'a dit lui-même, suffisent, Messieurs, à l'honneur de sa vie tout entière !

Au milieu de nos tourmentes révolutionnaires, M. Jean Bertrand fut toujours un des vaillants champions de la cause de l'ordre ; toujours à son poste, il était de ceux qui savent que, dans la vie publique, il faut au besoin faire à son devoir le sacrifice de sa vie ; dans ses travaux parlementaires, c'était surtout au Comité des finances qu'il appliquait ses aptitudes spéciales ; il s'y distinguait par la netteté de ses vues, par sa science administrative, par ses connaissances économiques ; enfin, Messieurs, l'élévation de son caractère le faisait respecter et aimer de tous ceux qui l'approchaient. Aussi, dès mon entrée au Corps législatif, y ai-je trouvé les souvenirs les plus honorables qu'il avait laissés parmi d'anciens collègues. Ces souvenirs m'ont été bien utiles ; ils m'ont valu de solides amitiés dont je suis d'autant plus fier aujourd'hui que je les dois à Jean Bertrand !

C'est ainsi que se sont formés entre nous des liens devenus indissolubles, parce qu'ils avaient pris racine dans la conformité des idées qui nous animaient, dans nos deux caractères qui sympathisaient de plus en plus... C'était toujours chez M. Jean

Bertrand cette main bienveillante qu'il me tendait pour m'élever jusqu'à lui !

Puis, quand j'ai pu pénétrer dans cette âme si modeste, si réservée, à laquelle il suffisait cependant d'une simple étincelle pour en surexciter toute la noblesse, pour en faire resplendir soudainement tout le mérite ; quand j'ai pu deviner, apprécier cet esprit si élevé, cet homme au cœur si droit, ne comprenant et n'acceptant les fonctions publiques que pour le bonheur d'être utile, que pour le bonheur de pouvoir mourir un jour avec l'estime de soi-même, oh ! alors, Messieurs, je devins son ami comme il voulut bien devenir le mien.

Et quand je me rappelle ces longs entretiens, si pleins d'un délicieux abandon dans lesquels s'épanchaient avec sa bonté native toute son aimable indulgence, avec son expérience des choses publiques tous les trésors de sa vaste érudition, je reste comme accablé sous le poids de ces souvenirs et je sens mon cœur partagé entre le bonheur d'avoir connu cet homme de bien et la douleur que m'inspire cette pensée si poignante, que je ne le reverrai plus !... Vous tous, Messieurs, qui avez connu aussi M. Jean Bertrand, vous éprouverez ce même sentiment.

Comme moi, vous déposerez sur cette tombe le pieux hommage de vos souvenirs, de vos regrets et de nos espérances !

Adieu, Jean Bertrand, ta mémoire vénérée vivra toujours au milieu de nous ; elle sera pour nous le refuge consolateur de toutes nos misères, de toutes les déceptions de cette vie...

Ta bonne et si douce compagne, tes chers enfants qui faisaient ton bonheur, tous ces êtres si chéris par toi seront désormais notre famille à tous.

En attendant que nous allions te rejoindre, reçois nos adieux du fond du cœur.

Au revoir, mon ami, que Dieu t'accueille dans son sein !

Discours de M. Vast-Viet, vice-président du Comice agricole.

Messieurs,

C'est une cruelle fatalité que celle qui, dans le court espace de quatre années, m'attire le triste honneur de venir, au nom du Comice agricole de l'arrondissement de Vitry, déposer sur la tombe de deux hommes éminents qu'il a successivement appelés à diriger ses travaux, l'hommage de sa reconnaissance et de son affection !... Ainsi, naguère nous déplorions la perte de M. Chevillion, aujourd'hui la mort de M. Bertrand devient pour nous une source d'intarissables regrets.

En proie à une émotion profonde, j'ai d'abord éprouvé l'inquiétude de demeurer au-dessous de cette haute et pénible mission ; mais je n'ai pas tardé à me rassurer par la pensée qu'un tel et si digne sujet rachèterait l'imperfection de la forme et m'obtiendrait votre indulgence.

En effet, nous ne savons ce qu'il y a lieu d'admirer davantage dans la trop courte carrière parcourue par M. Bertrand, ou de la noblesse et de l'élévation de son caractère si constamment sympathique et bienveillant, ou de son inépuisable dévouement à la chose publique, ou de l'heureuse variété de ses aptitudes et de ses talents.

Aussi, Messieurs, quel vide, à cette heure suprême, se fait derrière lui ! Combien d'institutions diverses auxquelles, depuis longues années, grâce, soit au suffrage éclatant de ses concitoyens, soit au choix éclairé des administrateurs, il prêtait son infatigable collaboration, vont se voir privées du concours de ses lumières et de son expérience ! L'affluence qui se presse autour de nous n'est-elle pas un touchant témoignage de respectueuse gratitude pour tant de services rendus ?

Si nous portons nos regards en arrière, nous voyons M. Bertrand, dès le jour où son âge lui permit de se livrer à l'exercice des droits et à la pratique des devoirs du citoyen, incessamment à l'œuvre pour répondre à la confiance dont il ne cessa d'être entouré depuis ce moment. — Soit qu'en 1848 il remplît dans des temps orageux, difficiles, les fonctions de Maire de notre ville ; soit qu'appelé par l'immense majorité de nos sufrages à figurer dans nos assemblées parlementaires, il y prît cette attitude sage et modérée qui n'était pas alors sans dangers ; soit qu'il représentât le canton de Vitry au Conseil général ; soit enfin que, rendu aux travaux plus modestes du Conseil municipal, il ne cessât d'y faire briller une lumière toujours vive et pénétrante.

Il fut successivement attaché à la plupart de ces institutions locales aussi utiles que désintéressées, partage honorable des citoyens les plus recommandables par leur savoir et par la pureté de leur caractère ; — la première place, dans les séances, lui était le plus souvent réservée, hommage rendu à l'autorité de sa parole et de ses opinions !

L'ambition chez lui n'avait d'autre objet que celui d'être utile à son pays ; nul ne dira que ses aspirations secrètes l'aient porté à briguer spontanément les distinctions et les honneurs ; sa modestie et la simplicité de ses mœurs lui rendaient plus chère une vie calme et studieuse, éloignée des intrigues et des agitations.

Doué de l'organisation la plus riche, on pourrait dire la plus complète, il était initié à un degré éminent à la plupart des sciences humaines auxquelles venait se joindre en lui, par une faveur spéciale de la nature, un goût pur et éclairé des beaux arts ; il les cultivait avec succès, à ses heures de loisir, et à titre de délassement pour apporter quelque trève aux travaux sérieux auxquels sa vie était consacrée. — La *Société des Sciences et Arts* de Vitry, dont il était pour la seconde fois Président, le comptait parmi ses membres les plus érudits et les plus zélés.

Mais c'est dans son dévouement à la prospérité agricole que M. Bertrand, durant les dernières années de sa vie, devait déployer l'énergie la plus active, la plus persévérante.

L'agriculture avait, de tout temps, été de sa part l'objet d'une véritable affection ; aussi, à peine rentré dans sa famille, après avoir obtenu le diplôme de licencié en droit, il s'affilie au Comice agricole de l'arrondissement, alors dans son enfance ; les suffrages de ses collègues ne tardent pas à l'appeler à prendre place au bureau et à le désigner comme délégué au Congrès central agricole dont les séances se tenaient annuellement à Paris au palais du Luxembourg.

C'est au mois d'avril 1865, après le décès du bien regrettable M. Chevillion, que la présidence du Comice fut proposée à M. Bertrand ; et quoique cette fonction dût ajouter à ses occupations déjà si multipliées des fatigues nouvelles, il n'hésita pas à se rendre au vœu unanime de ses collègues ; jamais choix ne fut plus dignement justifié.

Il s'attacha à poursuivre avec ardeur l'œuvre de son honorable prédécesseur, celle de procurer à l'institution du Comice toute l'utilité, toute l'importance dont elle était susceptible. Le succès dépassa son attente ; il était particulièrement heureux de voir se grossir chaque jour le nombre des membres de l'association.

La création récente de la *Société centrale des Agriculteurs français* lui semblait pleine d'avenir ; il s'empressa de faire porter son nom parmi ceux des premiers fondateurs. Il assista avec notre honorable secrétaire aux séances d'organisation et prit part aux discussions qui s'ouvrirent à cette occasion ; il rendit au Comice un compte plein d'intérêt de ces premiers travaux.

M. Bertrand se plaisait à encourager, à solliciter le progrès agricole ; il se tenait assidûment au courant des innovations et des découvertes proposées pour en favoriser le développement, mais il ne les préconisait qu'avec une prudente discrétion, un discernement sage et éclairé, lorsque seulement elles avaient acquis la sanction de la pratique et du succès.

Qui de vous, mes chers collègues, n'a été à même d'apprécier le charme de nos rapports avec notre bien-aimé Président, son inaltérable aménité, son indulgence pour les communications prématurées? — C'est grâce à ces relations faciles, on pourrait dire fraternelles, et à l'intérêt qu'il savait imprimer à nos travaux, que nos séances étaient fréquentées avec un empressement toujours croissant.

Tel était M. Bertrand, au moment où la mort implacable est venue l'arracher à la tendresse d'une famille éplorée, à notre vive et profonde affection, à l'estime, je pourrais dire à la vénération de tous, lorsque parvenu à la maturité de la science et du talent, et au plus haut degré de la considération due à ses vertus publiques et privées, il aurait pu, durant longues années encore, poursuivre sa noble mission ici-bas.

Que sur cette tombe qui bientôt va nous séparer de ces dépouilles si chères, viennent se confondre nos regrets et nos suprêmes adieux!... C'est le dernier hommage qu'il nous soit permis désormais d'offrir à l'homme de bien qui n'est plus.

Discours de M. le Dr Valentin, vice-président de la Société des Sciences et Arts.

Messieurs,

La Société des Sciences et Arts a voulu apporter en ce jour, sur la tombe de son Président, le juste tribut de ses plus profonds regrets. Elle se rappelle qu'il fut un de ses premiers fondateurs, qu'il en a suivi tous les pas avec sollicitude, favorisé l'essor de ses conseils et de ses actes, qu'il a surtout contribué pour sa grande part à ce degré de considération qui la fait déjà compter honorablement parmi les institutions de ce genre.

Enclin dès sa jeunesse aux études sérieuses, M. Jean Bertrand avait acquis de bonne heure le goût de la littérature qui, s'affermissant sans cesse chez lui, pendant toute sa vie, l'avait rendu sous ce rapport un des hommes les plus distingués de notre pays. Ce culte des lettres, il en avait puisé les principes au collége de sa ville natale auquel il aimait à en reporter toute sa gratitude, qu'il chérissait par intérêt public et par un pieux souvenir du cœur, et auquel, par compensation, il était heureux de rendre, soit aux différents examens de l'année, soit dans les appréciations des épreuves scolaires, ou dans certaines questions d'enseignement, les nombreux et inappréciables services qu'on réclamait de sa vaste érudition et de ses connaissances approfondies de l'antiquité classique.

Les sciences naturelles n'avaient pas eu de peine à trouver accès dans cet esprit si naturellement ouvert aux belles et nobles choses. Elles avaient charmé son âge mûr, elles auraient délecté sa vieillesse. L'histoire, l'archéologie, la botanique, la bibliographie étaient de ses principales affections, et avaient amassé chez lui des matériaux aussi riches qu'inépuisables pour notre Société : vous savez ses intéressantes communications et toutes celles qu'il lui réservait. Et avec quel à propos, avec quel tact aussi droit que sûr il apportait dans la controverse le contrôle de son expérience et de son savoir ! Quelle clarté dans son exposition ! Je ne parle pas, messieurs, de sa bienveillance et de son aménité : honnête et modeste comme le vrai savant, ne se targuant jamais d'un vain amour-propre, il n'avait pour chacun de ses collègues que des paroles de haute convenance s'il ne partageait pas leur opinion, ou de félicitations et d'encouragement. Nos relations, qui plaisaient tant aussi à ses habitudes paisibles, étaient pour lui d'un prix inestimable. Ne concouraient-elles pas, selon ses désirs, au but utile de la Société, aux détails de laquelle il prodiguait son intelligente activité, mettait tout son dévouement, et pensait jusqu'à son dernier soupir? Oui, messieurs, peu de jours avant l'heure suprême, M. Jean Bertrand accueillait avec une impatiente satisfaction le résultat de recherches faites à Paris par les soins d'un de ses bons amis, pour être le complément d'une notice qu'il avait lue dans une de nos dernières séances.

Dès cette époque déjà, l'état de sa santé ne pouvait inspirer que les plus graves inquiétudes; et, par un sympathique attachement à sa personne, comme pour repousser de soi la pensée d'un tel malheur, on voulait encore s'arrêter à une espérance qui ne tardait guère à se briser entièrement. Le temps alors a marché bien vite... Mais cette belle et solide intelligence, comme la sérénité de son âme, resta toujours intacte au milieu des progrès ultimes d'un mal implacable, comme si la mort n'eût osé par respect en approcher sa main livide en s'emparant des dépouilles terrestres de cet homme de bien.

Adieu Jean Bertrand; adieu digne et regretté Président! La Société des Sciences et Arts reconnaissante ne portera pas qu'un seul jour le deuil de votre fin trop prématurée, et votre nom comme votre souvenir demeureront toujours, tant qu'elle vivra, inséparables de ses travaux.

Discours de M. A. Barbat de Bignicourt

Messieurs,

Nous sommes tous ici profondément tristes.

Cet enterrement n'est pas un enterrement ordinaire.

A côté du deuil immense de cette famille que nous voudrions pouvoir consoler, il y a notre deuil à nous — le deuil que nous portons en ce moment, comme hommes, comme amis, comme concitoyens du mort !

Il y a un jour, dans la vie des hommes, où on leur rend jus - tice : c'est sur leur tombe. On sent alors la perte qu'on vient de faire. Plus tard, si des jours de crise se présentent, on se dit, en songeant à ceux qui ne sont plus : « Ah ! s'ils étaient là !... »

M. Jean Bertrand, Messieurs, est de ces derniers. Un jour peut-être, nous manquera-t-il ?... Nous nous rappellerons alors combien sa fin fut prématurée, combien excellent était son conseil, combien son amitié sûre, combien absolu son dévouement à la liberté et au pays.

Le pays ! Ah ! Comme il l'aimait ! Comme il aimait surtout son cher Vitry ! Comme il s'en éloignait avec tristesse, comme il y revenait avec joie ! Que n'aurait-il pas donné — que n'eût-il pas fait — pour augmenter le renom, la prospérité, le bien-être, le développement artistique, intellectuel, commercial, agricole, de ce cher pays natal.

Mais à côté de ce pays d'affection, il y avait pour lui, l'autre grand pays, la France !...

Il la servit loyalement, dignement dans nos assemblées représentatives, et quand un jour vint — jour que je n'ai pas à qualifier car nous sommes ici dans le lieu où l'on oublie — quand un jour vint, dis-je, où la statue de la Liberté et du droit fut voilée, M. Jean Bertrand fut de ceux qui préférèrent briser leur carrière politique plutôt que de transiger avec eux-mêmes.

Ce jour-là, Messieurs, il fut du côté des vaincus selon le monde, mais du côté des vainqueurs selon la conscience.

Arrêtons-nous. L'estime publique aura entouré, jusqu'à sa dernière heure, cet homme de bien qui, à une époque de défaillance et au milieu de tant de compromis, fut plus qu'un honnête homme puisqu'il fut un caractère...

Ces hommes-là se retrouveront-ils ? Je vous pose la question, Messieurs, sans oser la résoudre.

Mais sur la tombe de M. Jean Bertrand où nous n'avons à déposer que nos regrets et nos larmes, ne vous semble-t-il pas qu'on pourrait inscrire cette magnifique devise d'une de nos grandes familles : *Plus d'honneur que d'honneurs !*

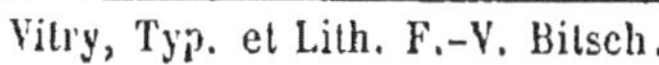

Vitry, Typ. et Lith. F.-V. Bitsch.